Luis Murschetz, geboren 1936 in Wöllan und aufgewachsen in Frohnleiten, Steiermark, bekam seine künstlerische Ausbildung in Graz. Er arbeitete zwei Jahre in Rotterdam. 1962 zog er nach München. 1967 erschienen seine ersten politischen Karikaturen in der *Süddeutschen Zeitung* und 1971 in der Wochenzeitung *Die Zeit*, wo er das Amt des Zeichners Paul Flora übernahm.

Auswahl und Zusammenstellung:
Dr. Rolf Cyriax, München

Originalausgabe 1988

Umschlaggestaltung Adolf Bachmann
Umschlagillustration Luis Murschetz
Gesamtherstellung Ebner Ulm
Printed in Germany 5 4 3 2 1
ISBN 3-426-02730-5

Luis Murschetz: Nägel mit Köpfen

Karikaturen

Knaur®

Inhalt

INLAND

AUSLAND

INLAND

Der Wähler hat das Wort

Strahlende Zukunft

Alle sind für Umweltschutz

Nachbar Arsen

Mit dem Wald kann man reden

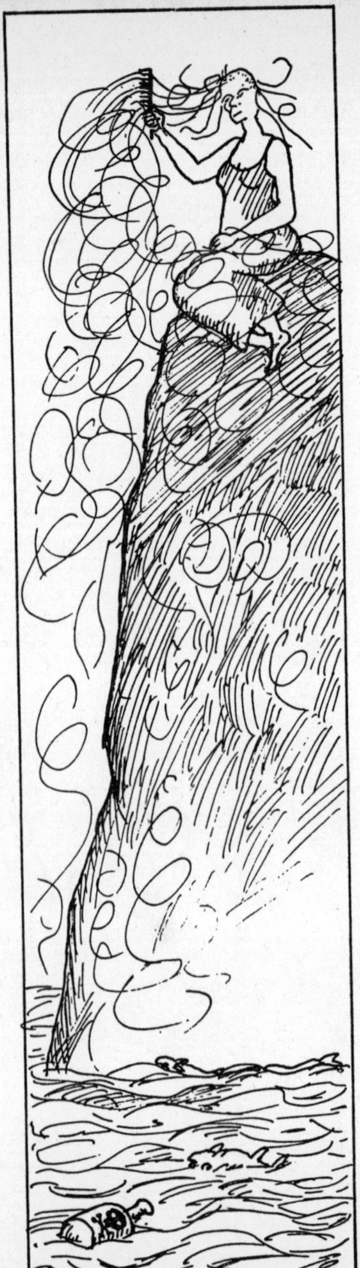

Loreley

Nordseekonferenz

Richtgeschwindigkeit

Chemie im Haushalt

NEIN DANKE
WAA NEIN!
NEIN!
NEIN DANKE
NEIN DANKE

Ozonkiller

Wenig beachtete Plastik

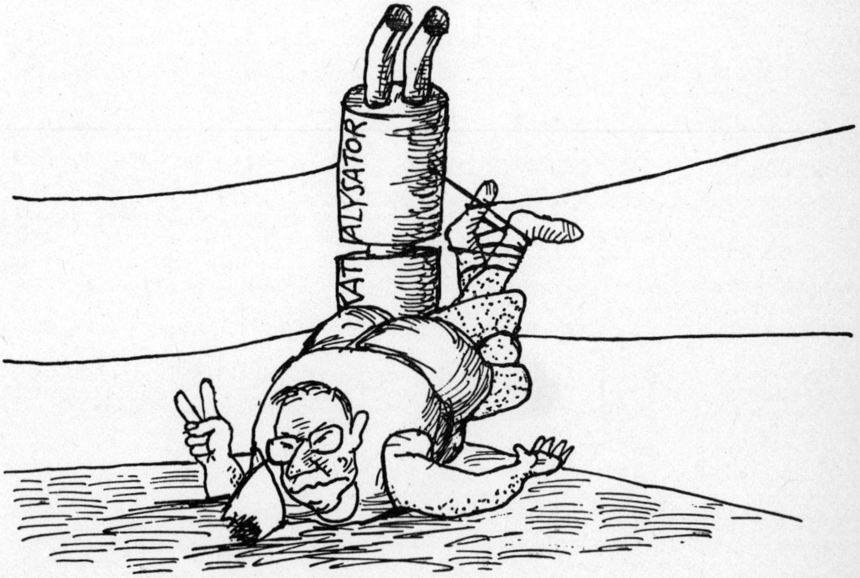

Den Sieg verkünden

Durchs Ozonloch entsorgen

Mode im Treibeis

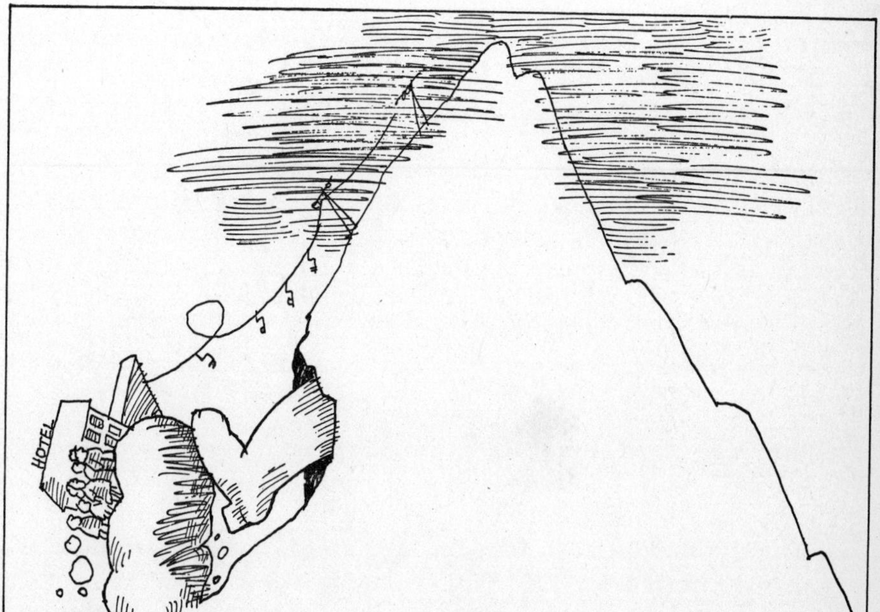

Die Berge schlagen zurück

DANN ERSCHIENES UNS SICHERER, DIE MENSCHEN IN BETON ZU GIESSEN...

Endlager

ANTI-RAUCHER-CAMPAGNE

Öl im Watt

Öl-Sardinen

Ekofisk

WO DIESE EPIDEMIEN NUR IMMER HER-KOMMEN?

Toter und lebendiger Bach

Letzte Ölung

WIE IST DAS WERTE BEFINDEN?
TSCHBYL.

GB
USA
NL
GB
USA
NL
GB
GB
GB
GB
GB
GB
GB
GB
GB
GB
NL
CH
JAP.
CH
JAP.
GB
JAP.
GB

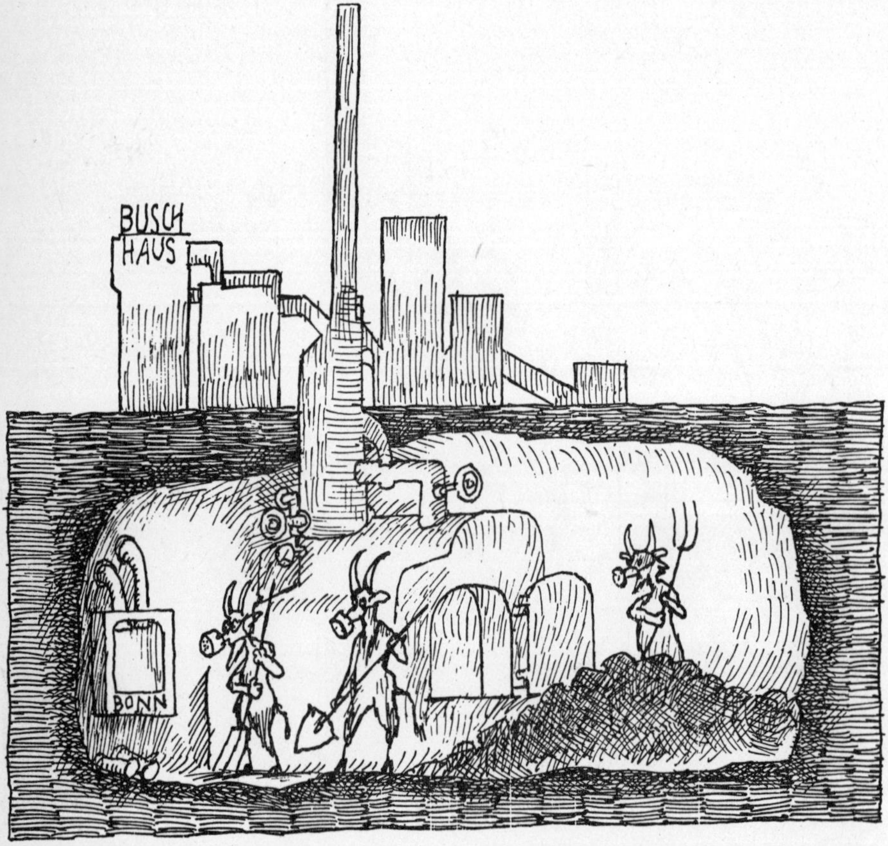

Die Geschwefelten erwarten den Startschuß

Dioxinsuche

Romantik ade

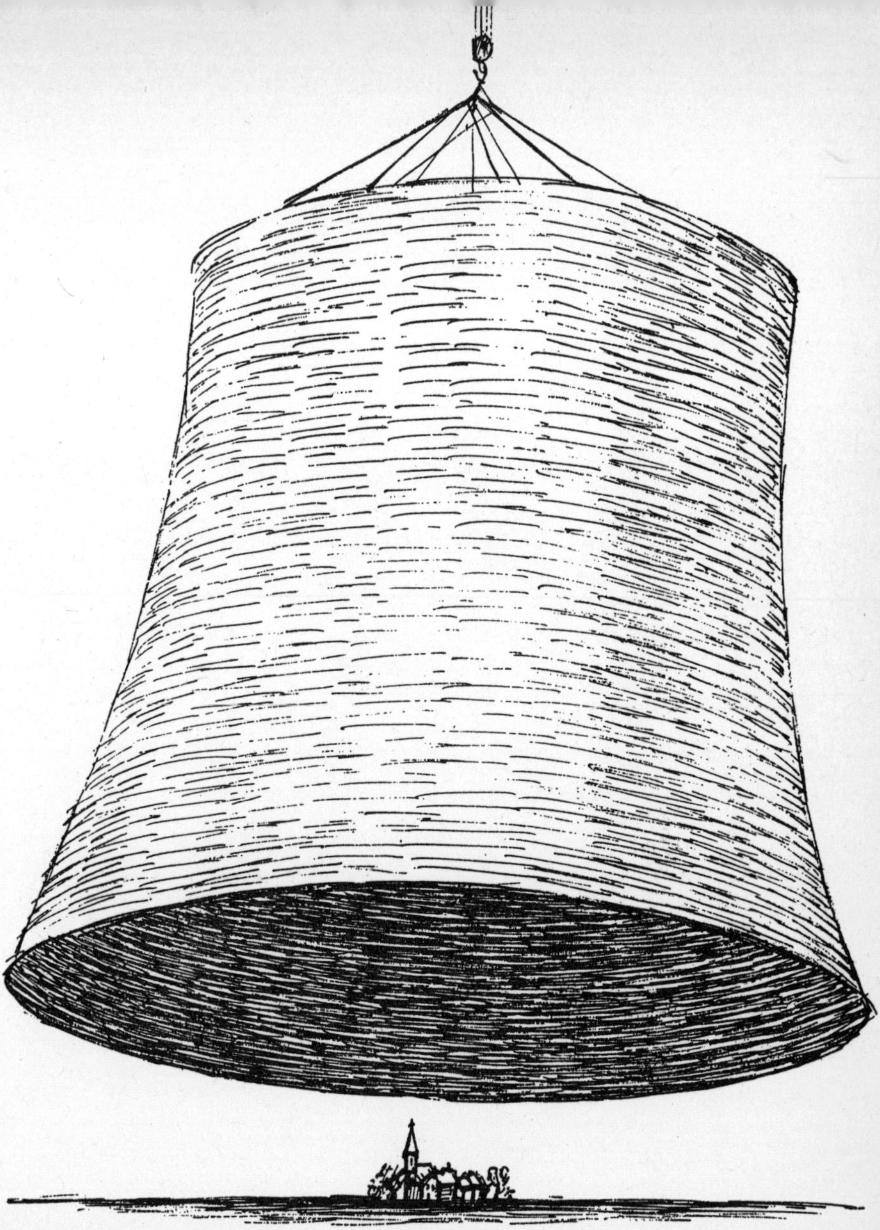

Ein Minister greift durch

Prosit Nuklear!

Rundschlag

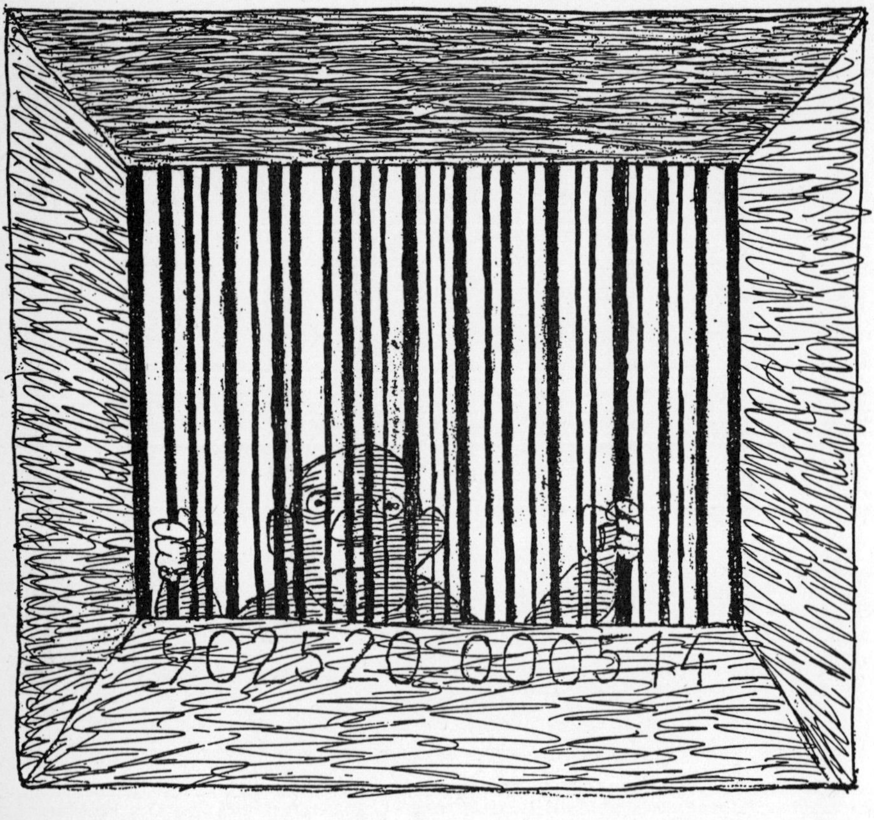
902520 000514

Das Volk zählen

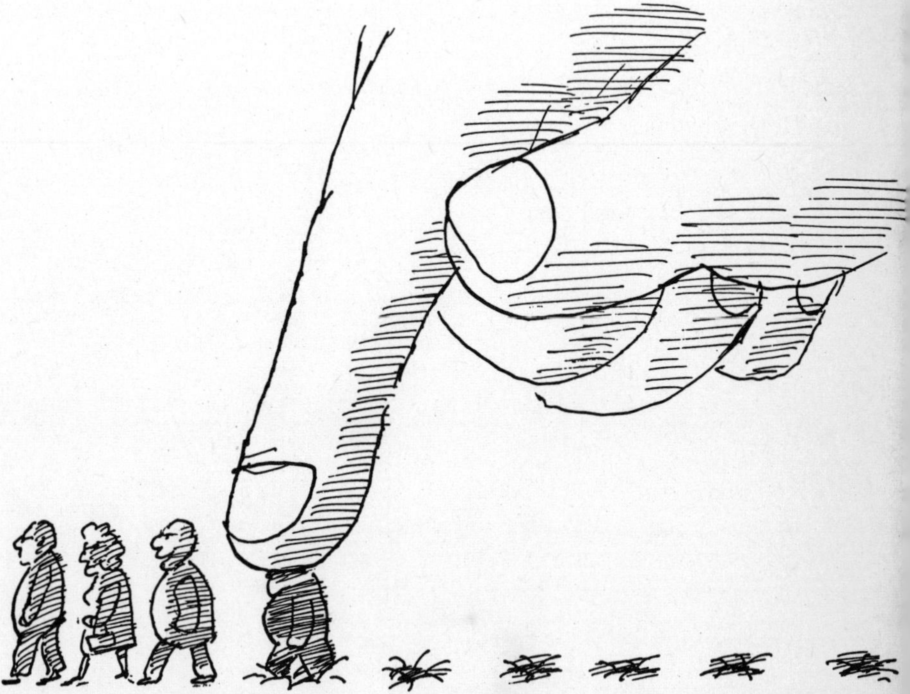

Das Gespräch mit der Jugend suchen

Vermummte in der Oberpfalz

Eierkopf Sympathisantentropf

Ringfahndung der Politiker

Weihnacht der Menschen

Großer Fahndungsapparat

Wende in den Medien

Dunkle Vergangenheit aufgehellt

Holo
caust

Nicht lebendig und nicht tot

Müll der Geschichte

Gegenverkehr im Allgäu

Die feiern auch nur die Befreiung

FREIHEIT FÜR DIE WEIHNACHTS-INSELN!

Täglich frisch

ZIVILISATION
TERROR

Starker Mann

Schlamm
Kuren

Kämpfend untergegangen

Gegen die Spinner

Die Wahrheit einschenken

Konjunkturbelebung

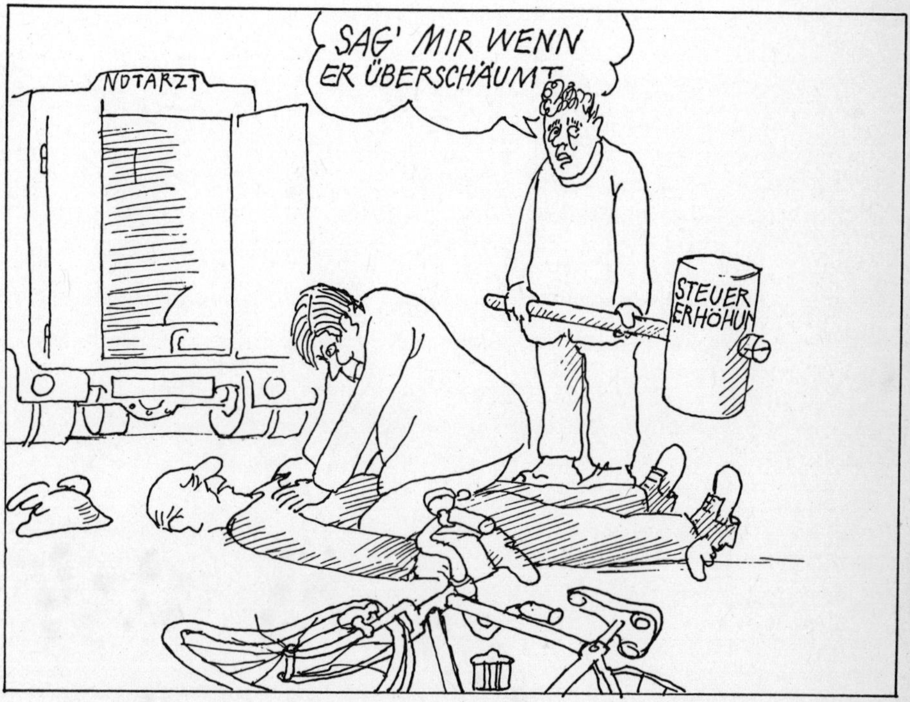

Breschnew kommt, kommt nicht . . .

Zeugnisverteilung

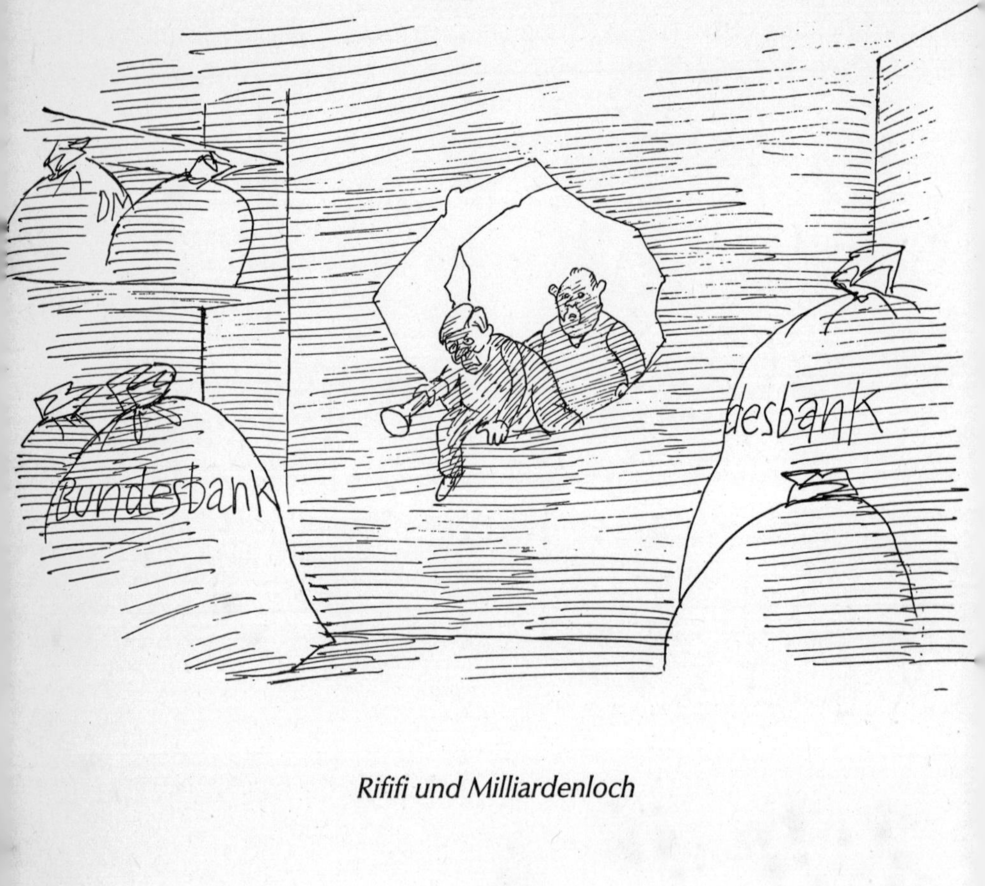

Rififi und Milliardenloch

Der Vorrat der Gemeinsamkeiten

Eurostrategisches Blech

Hadschi nach Riad

Starke Männer im Regen

Kleine Umbildung

Rücktrittsdrohung leichten Herzens zurückgenommen

Ein verfluchtes Wespenjahr

Die Lage der Koalition

Der Lotse bleibt an Bord

Die Ruhe vor dem Sturz

Bitte umsteigen

Schwarzer Riese, dem Kanzler folgend

Partner

Roß und Reiter

Chefkonstrukteure stellen vor

Getrennt marschieren . . .

BONN

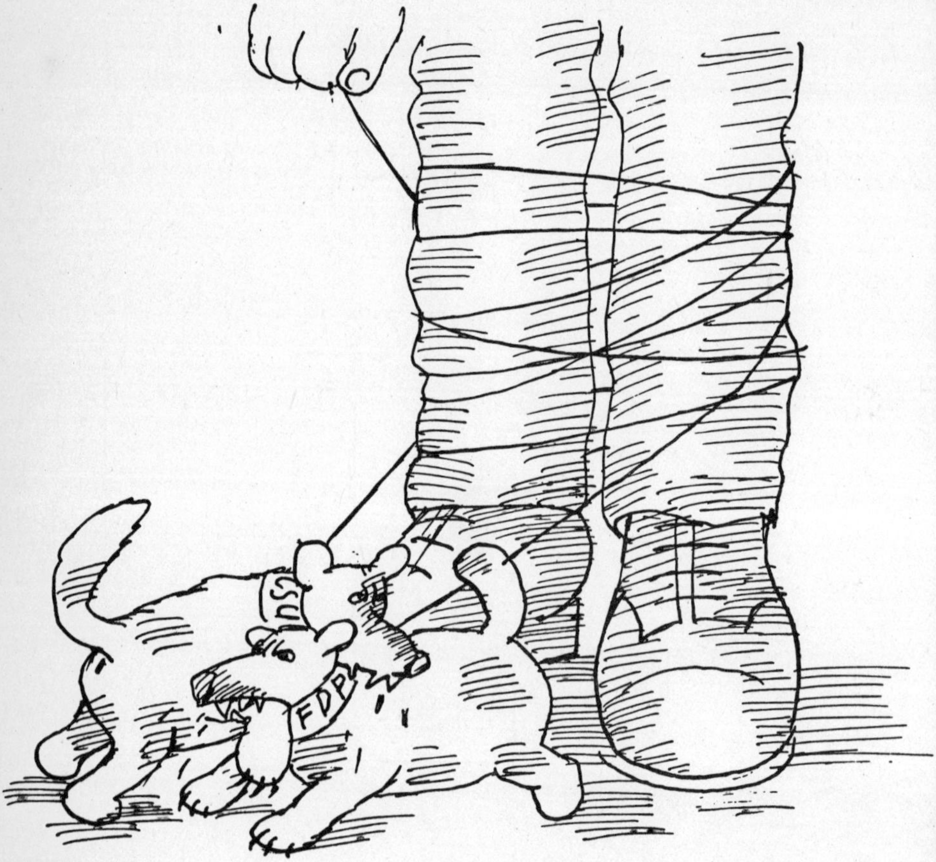

Partner in Bonn

Platz behauptet

Thema:
Vermummung
F
D
P

Was wir alle dringend brauchen

Menschenrechte

Pater noster

Kleine Retuschen

0:0 nach Verlängerung

Debatte über die Gleichstellung der Frau

§218

Aha, der Maulwurf. Grabowski, dieses Schwein!

Die Sorgen werden nicht kleiner

Ein Frösteln im Herbst

Weihnacht ohne Russen

Rutschpartei

Ouvertüre zum Wahlkampf

Flohzirkus

Letzte Hand anlegen

Stapellauf am Rhein

Es hat gar nicht geregnet

Handels-Yeti

Dem Trabi was pumpen

Einschreiben aus München

Ein verrückter Hund

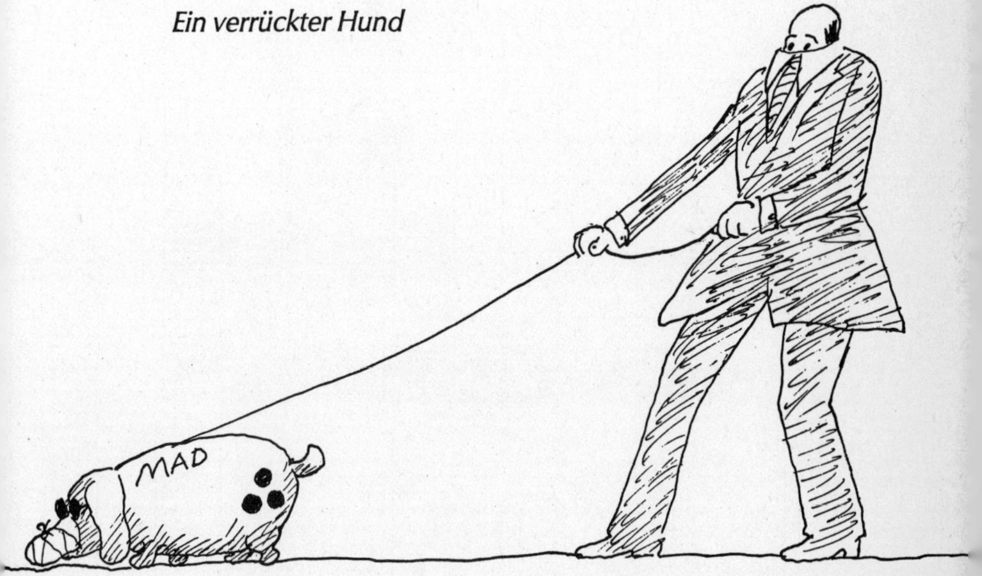

Scheck- Hand wg. Flick

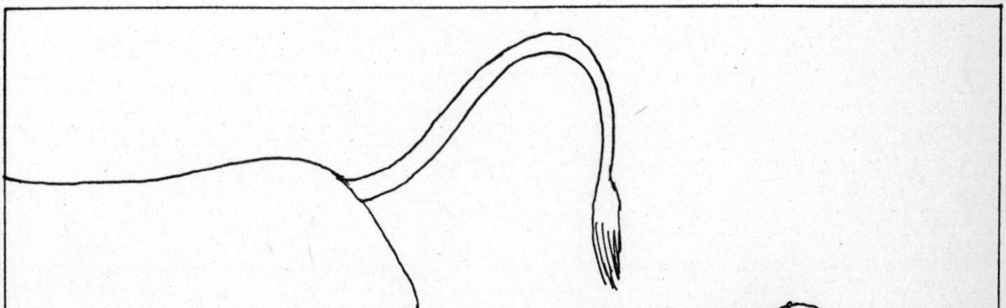
FLICK

Leinen los in Kiel

Keine Sternstunde

Der Vorsitzende abgehoben

Trutz in der Brandung

Die Bauern im Rücken

Schwarzes Vierzig-Milliarden-Loch

Ebbe

Der schwarze Block

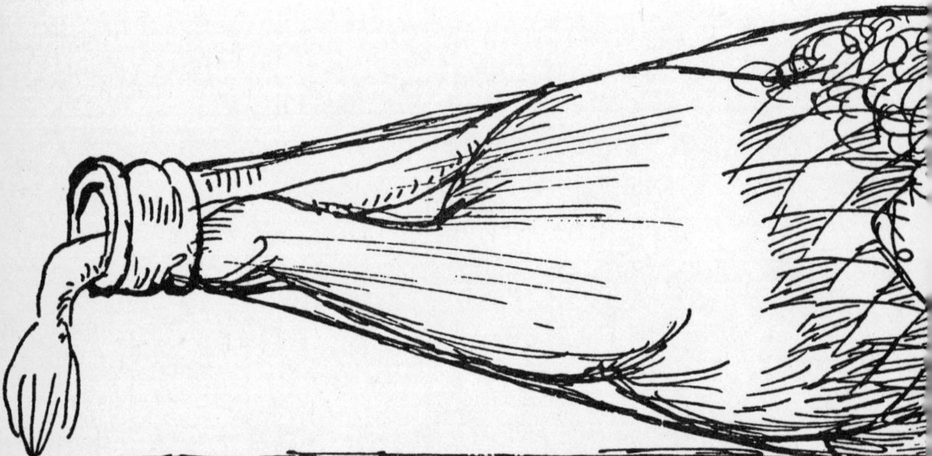

Zurück in die Flasche

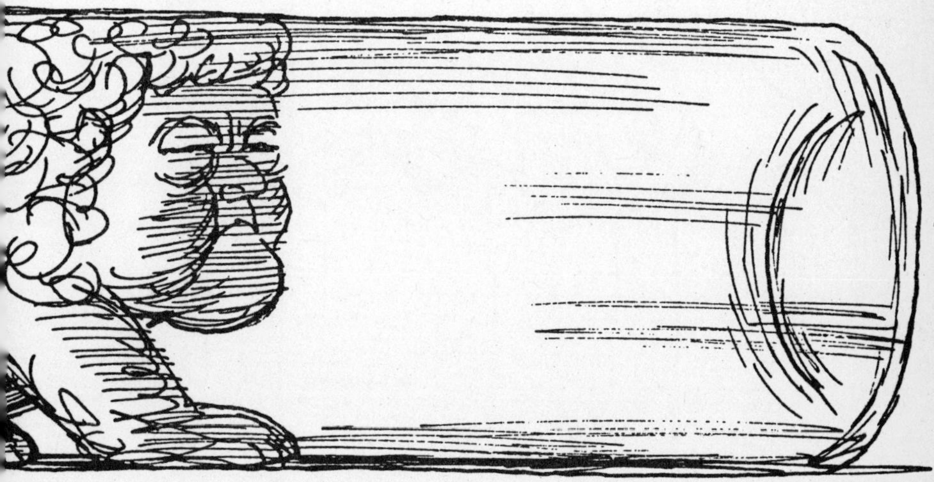

CSU

Breitspur

Im Norden soll's an Schnee ham

Wahlkampf im Raketenwald

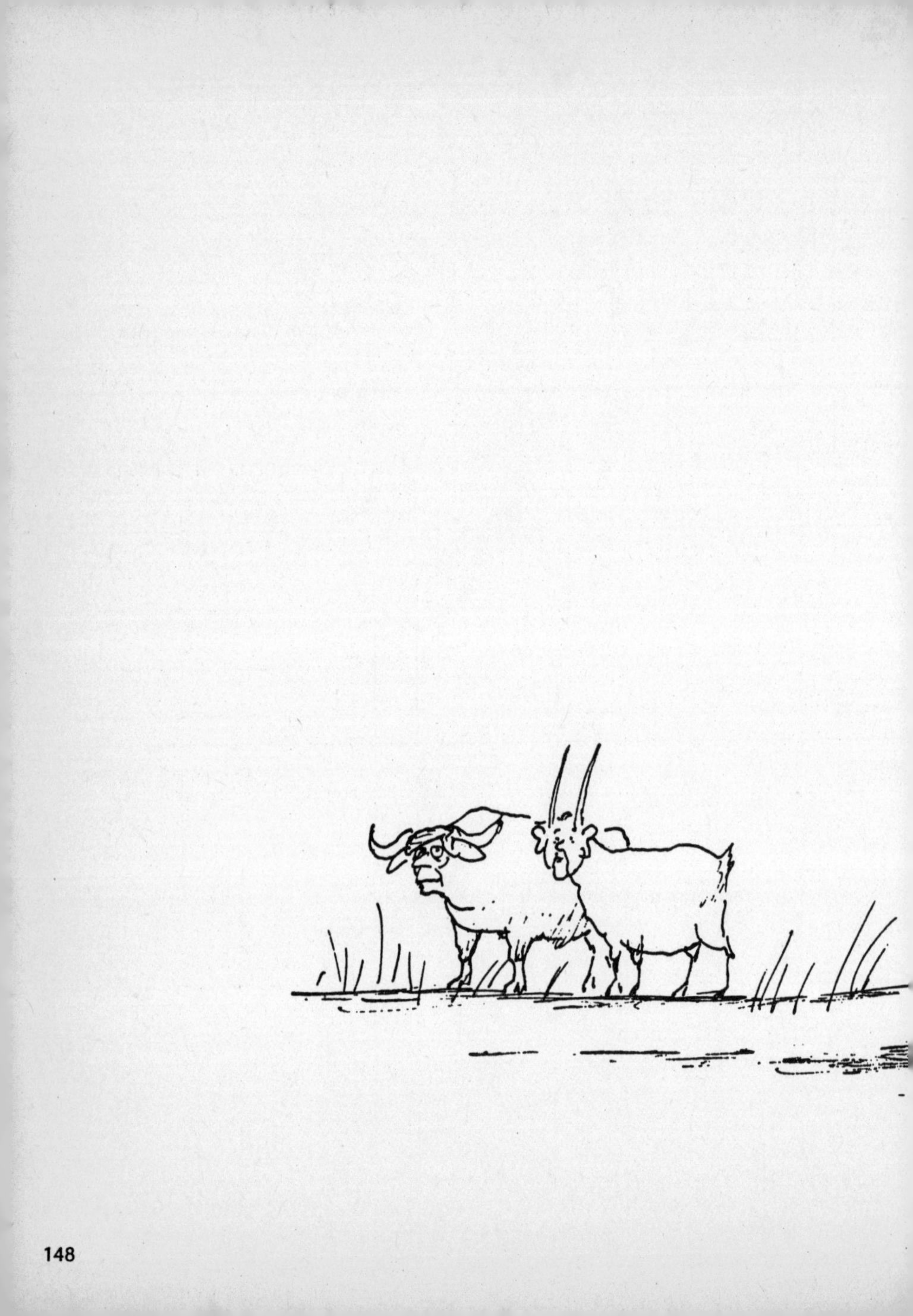

Freistaat
Bayern

Im Dauertest

Zurück aus Chile

Bayerischer AIDS-Tester

AIDS-ZWANGSTEST

Bayer.
AIDS-
Katalog

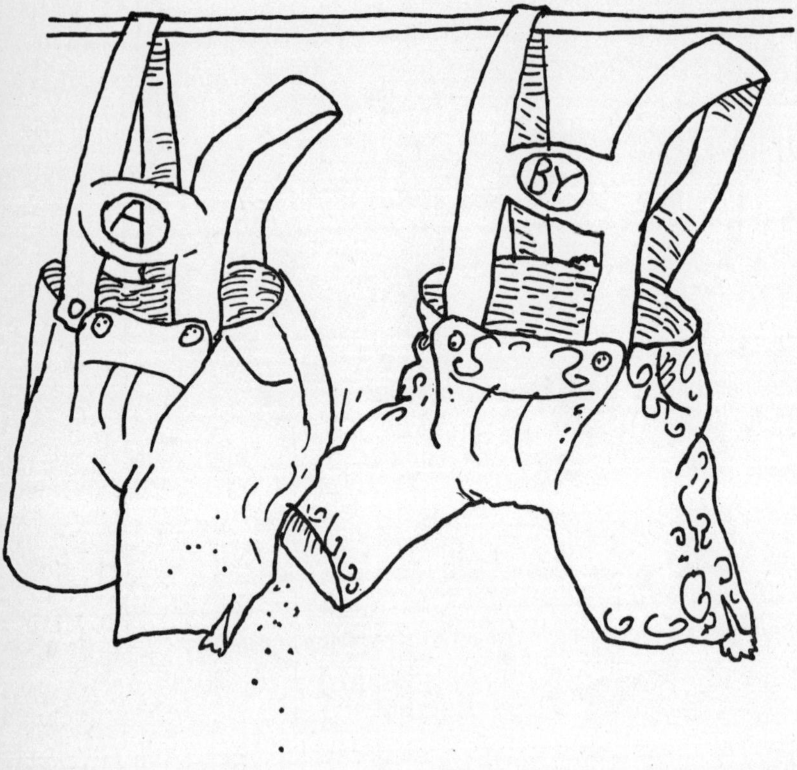

Lederhosen-Krieg

Vorgeschobener Posten der Staatskanzlei

Bekannter Krediteinfädler

Neues aus Moskau

Alles in einen Topf

DER FEIND STEHT LINKS

Vogelperspektive

Schwierige Abgrenzung nach links

Jungbrunnen

NACHRÜSTUNG
SPD

FRIEDENS
BEWEGUNG

Der Apfel fällt nicht weit vom Stamm

Die Rettung für Hamburg

ALKEM
NUKEM
SPD
Grüne

Wackliges grünes Sitzmöbel

Hunger auf Erfolg

SPD im Streß

Starker Abgang

Rettungs-Vogel

Grüner Salat

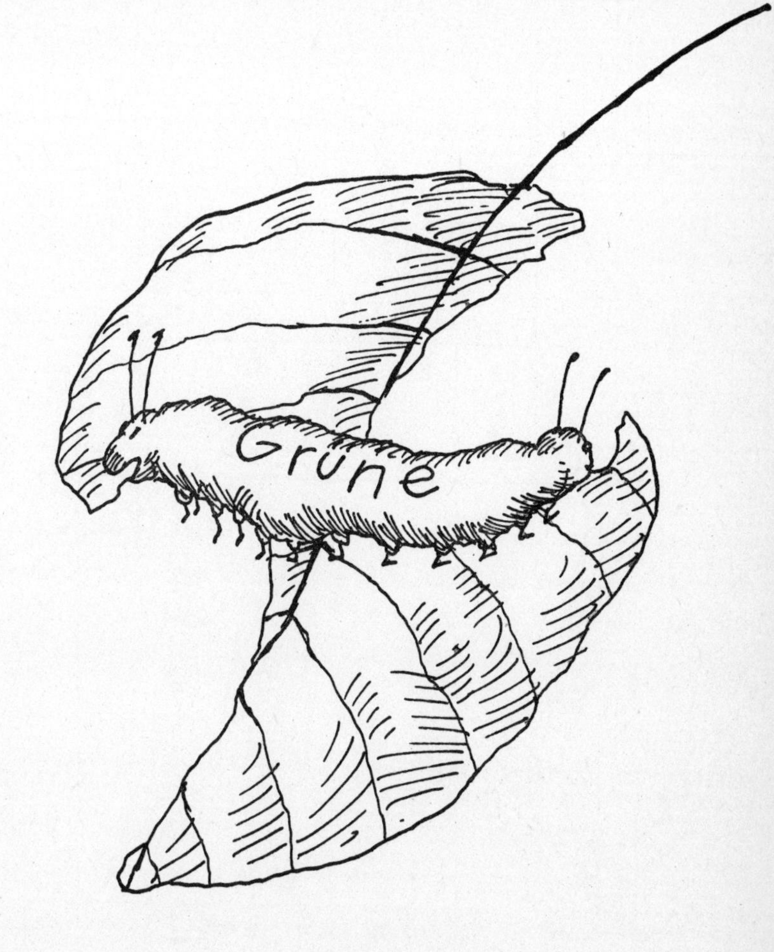

Bananenrepublik

Waterloo bei Lafontaine

Beileibe keine Allesfresser

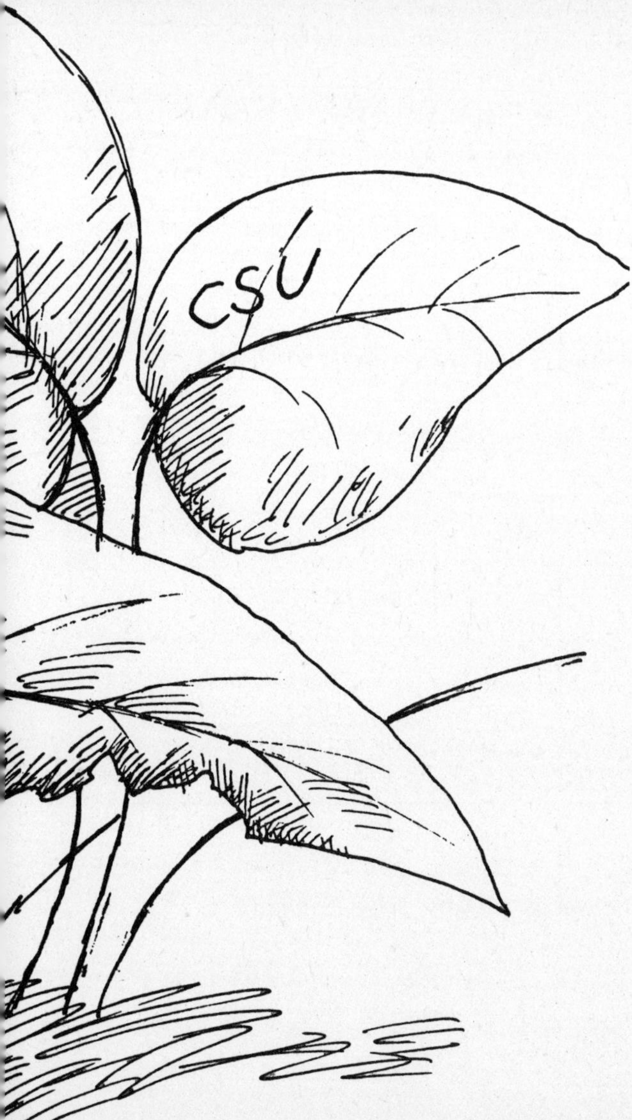
CSU

Die Bäume wachsen nicht in den Himmel

Aufwinde wehen

Den Aufschwung gewählt

Warten auf Aufwind

Soziales Netz der Zukunft?

Neue Skulptur im Garten

Arbeitsplätze vernichten

Frommer Wunsch

35 Stunden-Woche
Modell '87
mit Stein-kühler

Positionen von Stärke und Sauerstoff

Schräge Vögel im Winter

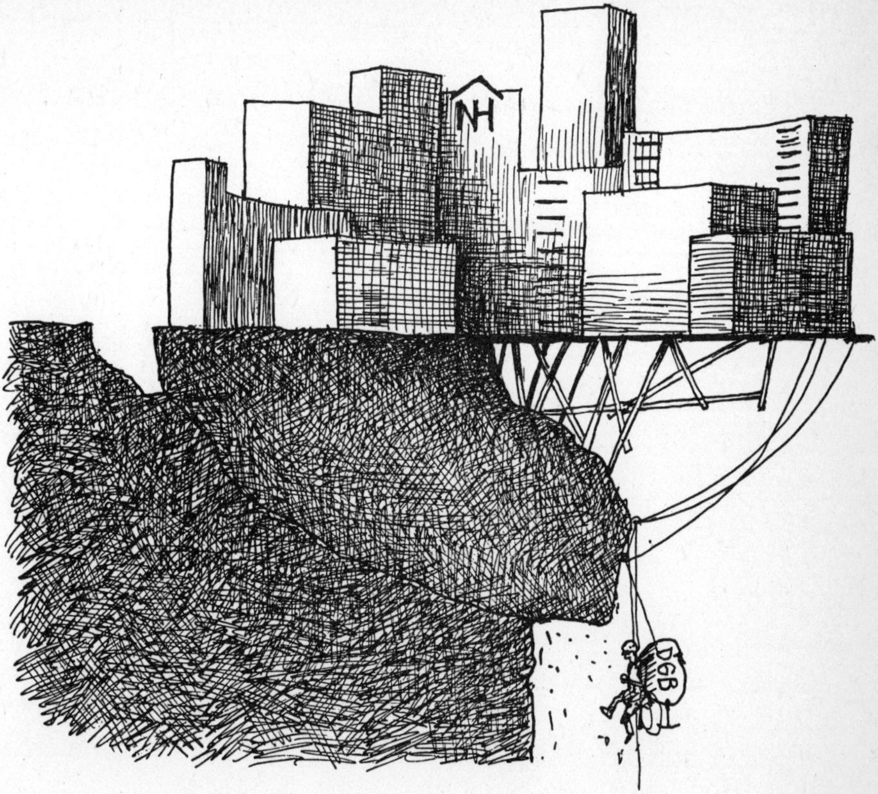

Devise: abseilen

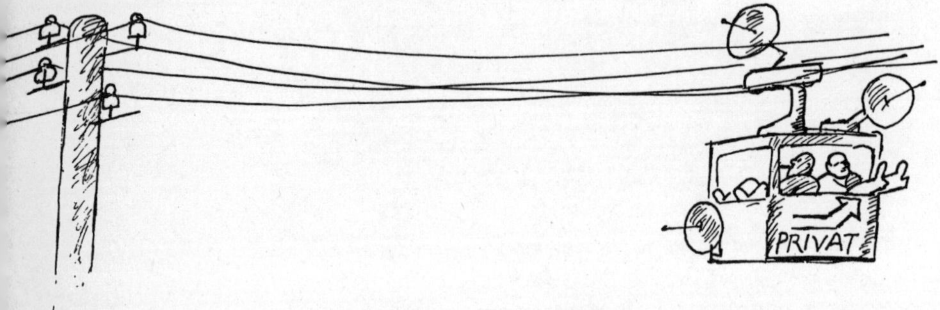
PRIVAT
STAATL.

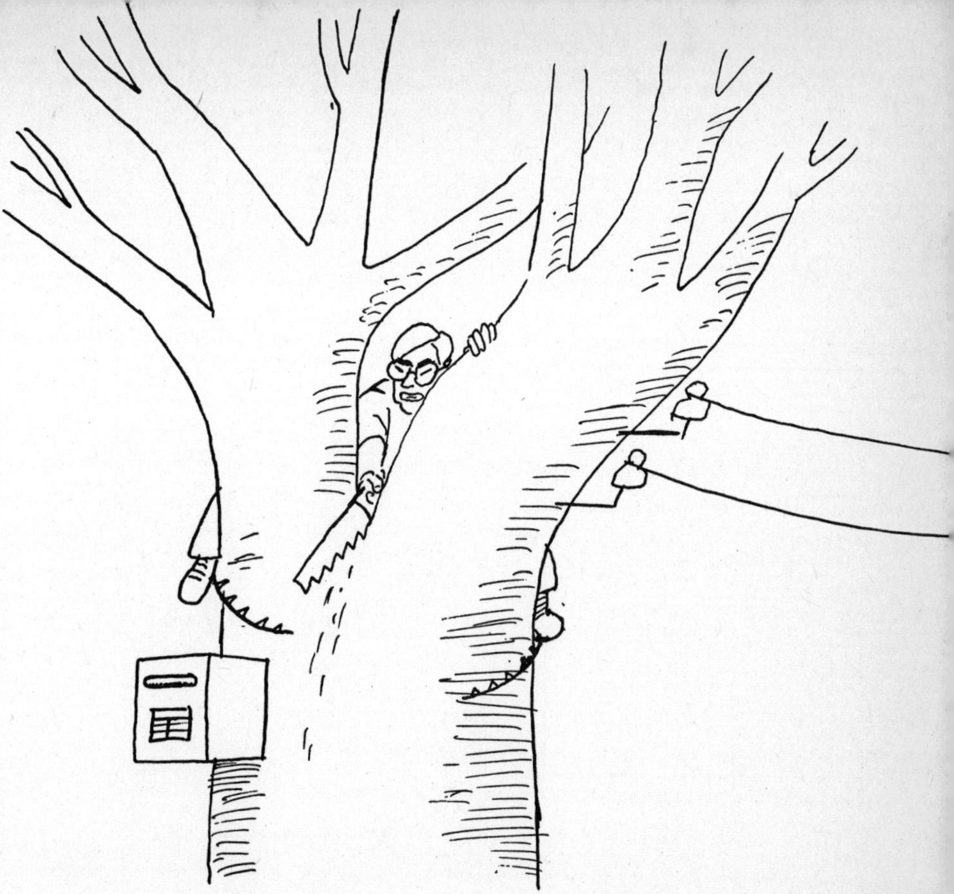

Sägen am Gewachsenen

Autofahrergruß

Start im Revier

Neue Kfz-Steuer

Sidol vom Steuerzahler

Jahreswagen

ALLE REDEN VON ABRÜSTUNG...
...WIR NICHT!

Der Steuermilliarden-Jumbo

Cargo!

WAS WÜRDE ES DENN KOSTEN, EINE FUSSBALLMANNSCHAFT MIT TRAINER IN DIE WÜSTE ZU SCHICKEN?
ESPAÑA '82
Fly GOLF AIR!!
REISEBÜRO
COR. REISEN

Jägermeister Bschwg.. 0
HSV 0
Es fing damit an, daß sie sich einen Sponsor angelacht hatten
Jäger-meister

Den Sport gekauft

Magic Bank

HE!

Das Quellensteuer-Wunder

Arbeit schaffen!

AUSLAND

Felix Austria

Mit Spuren von Androsch

Die Wiener in der Zirkuskuppel . . .

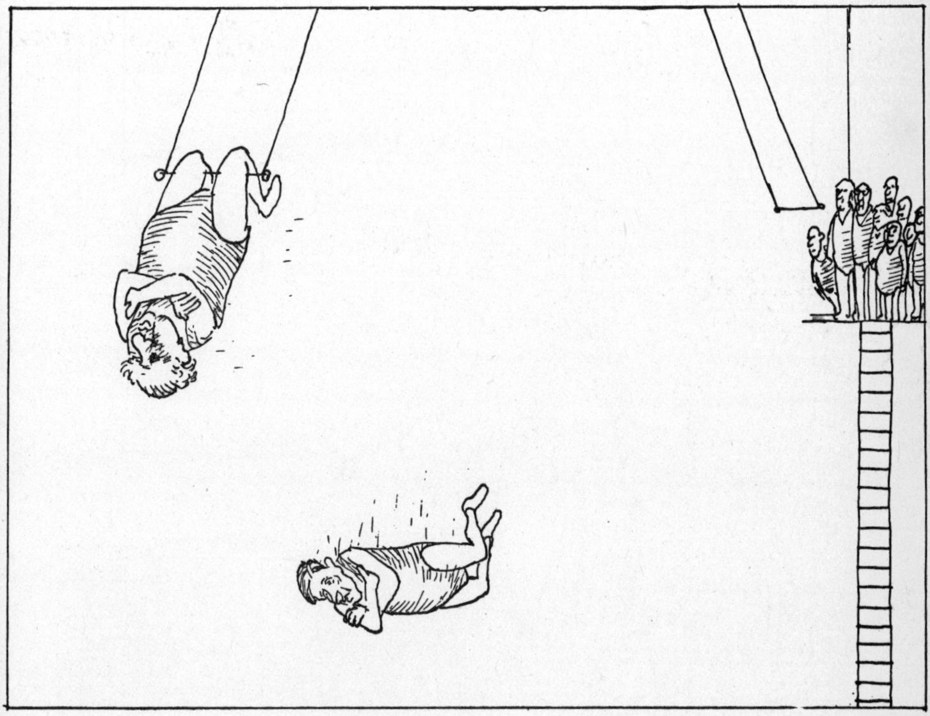

Nur Sticheleien

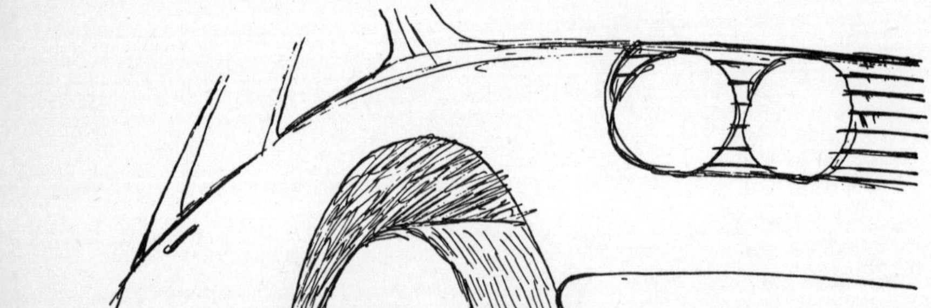

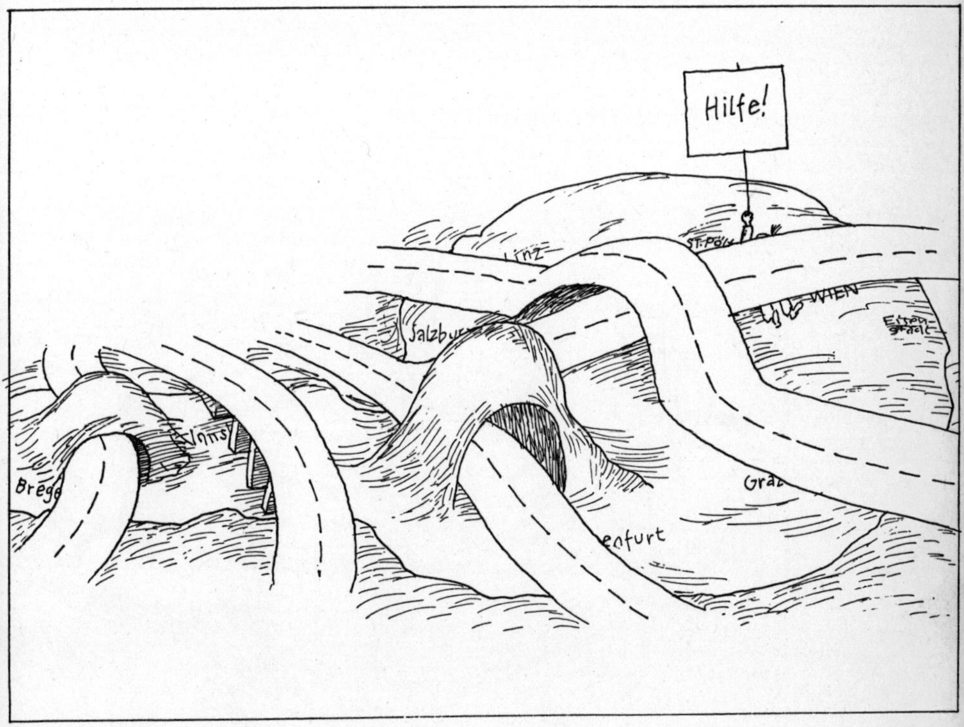

Bitte um Assoziierung

Nachgärung in allen Kellern

Den Historikern ungerupft widerstanden

Dickfelix Austria

American Graffiti

Reitet für Österreich

Schrittmacher

WALDHEIM

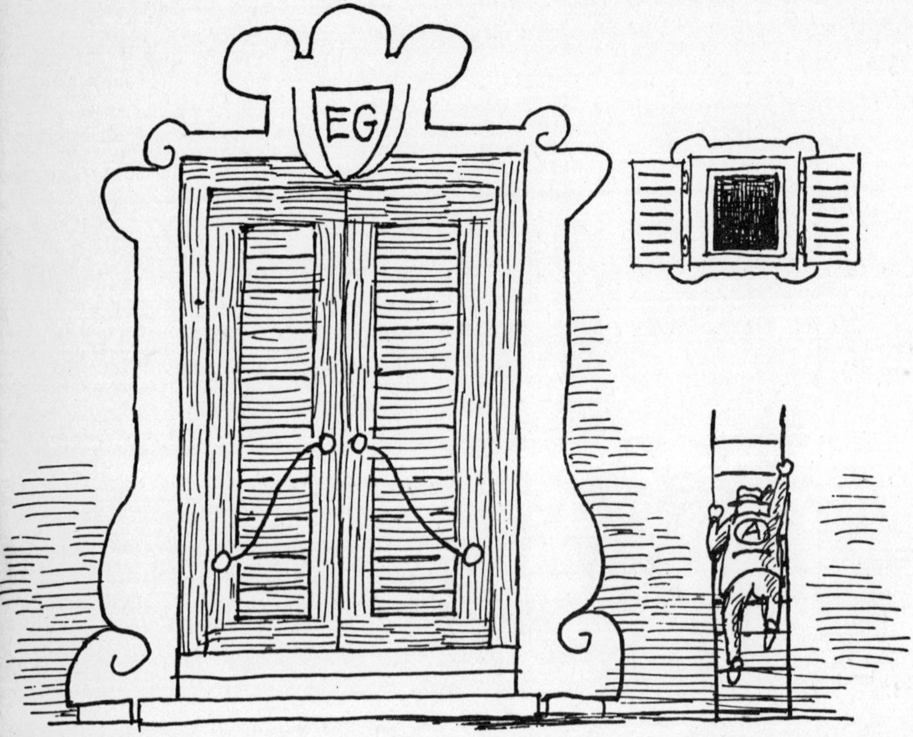

Fensterln in Brüssel

EG

Stolzer Hengst Maestoso Austria

Ein Österreicher darf ins All

EG in spe

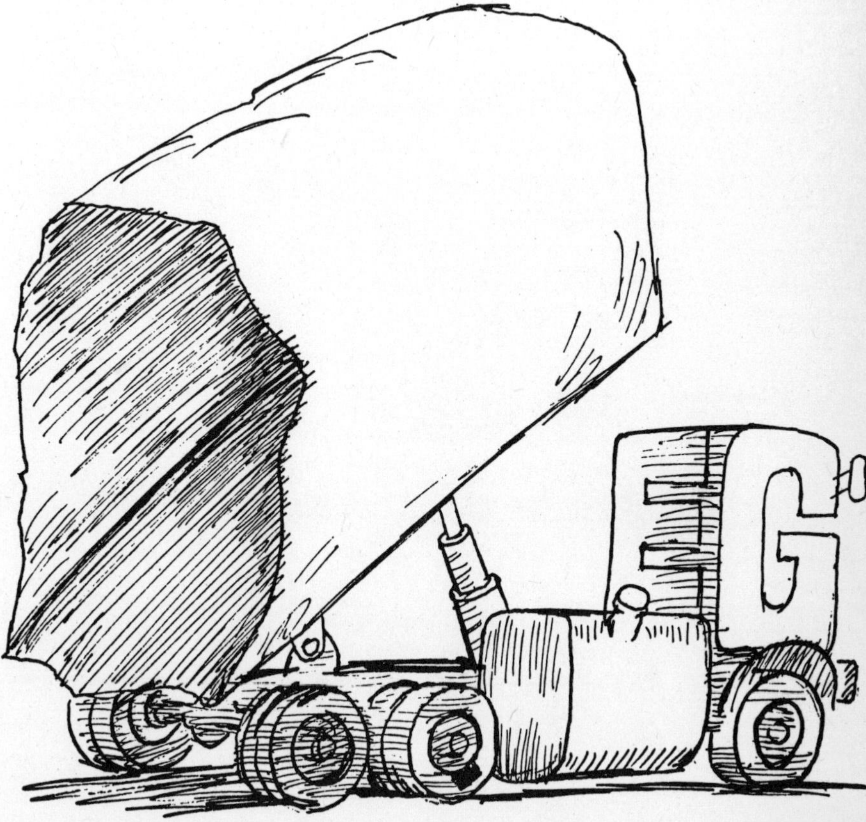

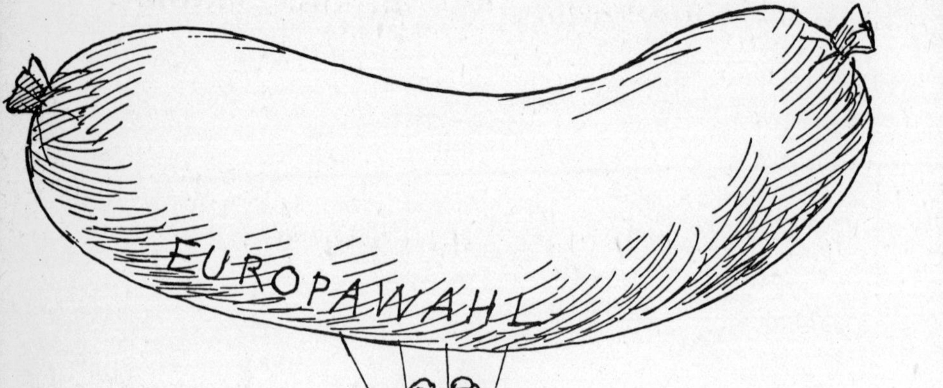

Große Wurstigkeit

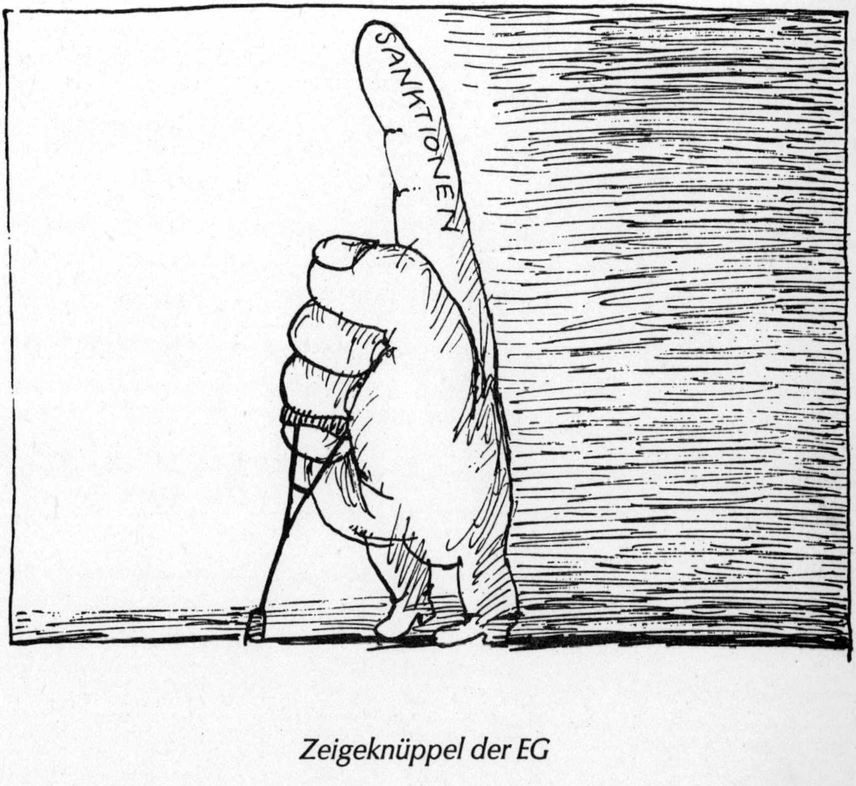

Zeigeknüppel der EG

Leicht modifizierte Zugmaschine

Besser gut gefahren
als schlecht gelaufen

Mittel der Abdeckung

Fraß

Die Herren Minister werkeln

Bruch

Hochfliegend

Allergische Reaktion bei den Deutschen

Emir Turgut ante portas

Zurück vom Euro-Gipfel

Vom Überfluß

Tokio kehrt den Rücken

Gruß aus Brüssel

Feines Backwerk

Übern Zaun

Italienisches Heim

Krieg der Winzer

Eine Pizza von Andreotti

Doktorarbeit für Chirac

Zündeln aus sicherem Abstand

Ein Süchtiger

Mohrenwäsche

Entdeckung in Auckland

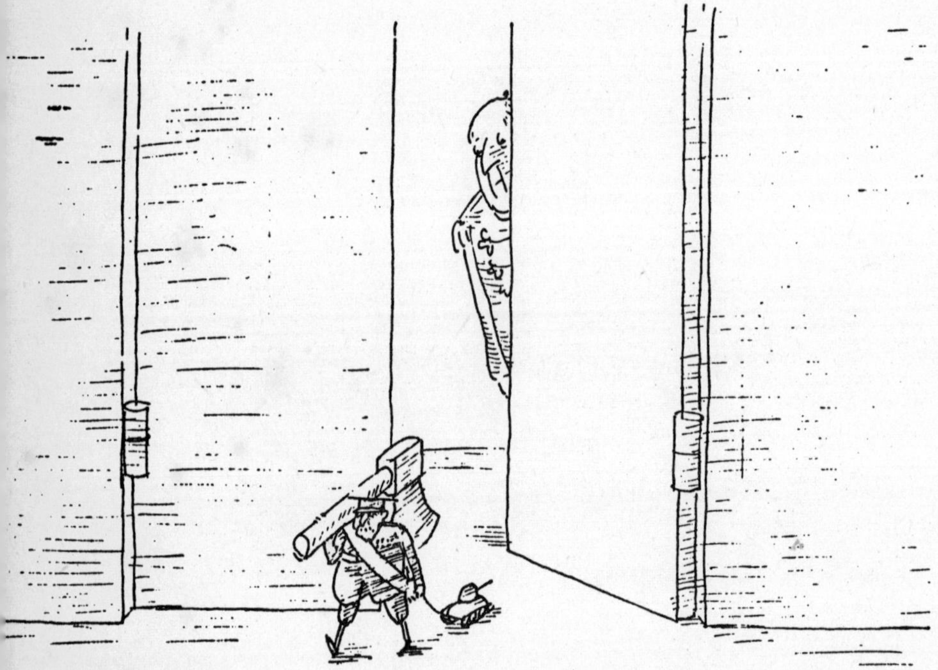

Besuch im Cortes

Ein Hospital

Streikt die Batterie?

WATERLOO ST.
HOSPITAL

Die Lady zeigt die Zähne

The Falkland Islands (brit.)
Als letztes, verheerendes Mittel unterhalb der Atomschwelle, könnte man die britischen Fußballfans zum Einsatz bringen

Admirality

Zum letzten Gefecht?

Leicht zyprische Kost

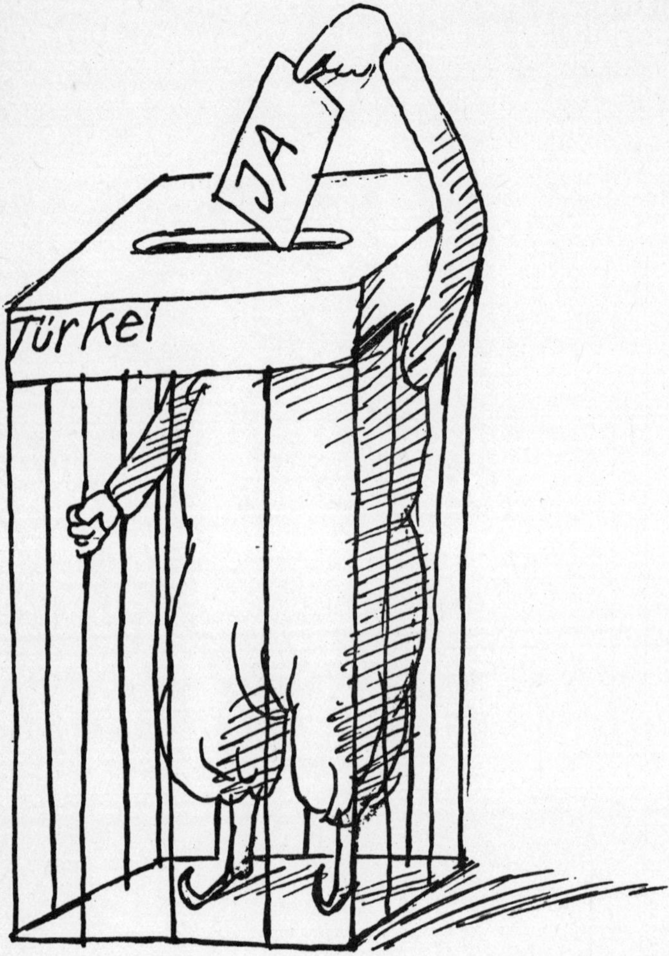
JA
Türkei

Ein Pflegefall

Im Korb III die inneren Angelegenheiten

Des Modezaren neue Kreation

Bis hierher und nicht weiter

Von der Schule gewiesen

Eine Schwalbe in der Freizeit

Mit militärischen Ehren

Heiliger Leonid, bitt für uns

Liebesgrüße aus Moskau

Wie wenden?

Kabule und Liebe

Spielchen in Moskau

Die Nomenklatura im Mai

Tendenz lustlos

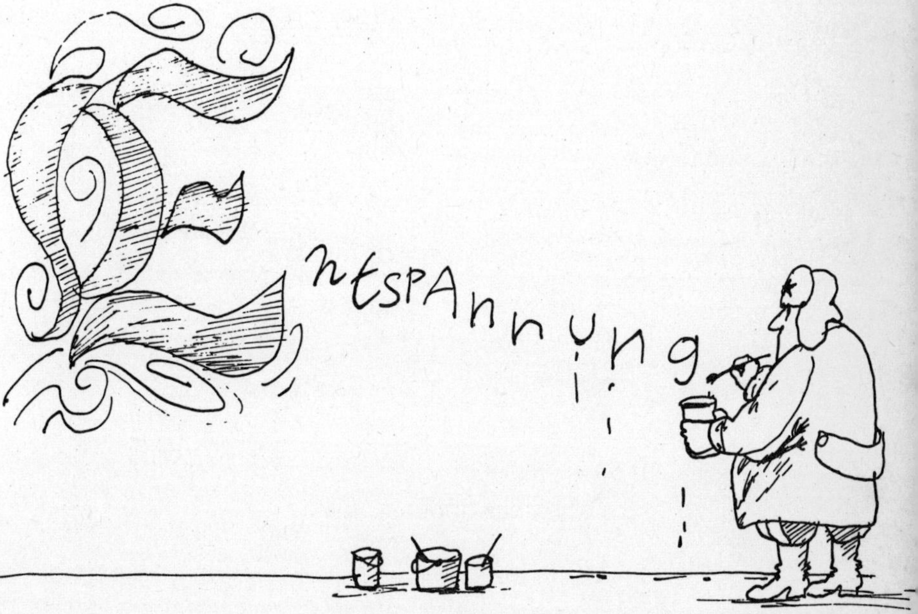

Eisbrecher Gorbatschow

Milchglasnost

Michail

Sisyphos

Gorbatschow

Landung am Roten Platz

Entrüstung

Die Russen einfach totrüsten

OK. CASPAR, DANN LASS' UNS DEN WELTRAUM VERMINEN.

Caspar im Orbit

Was kommt nach Teflon?

In Sachen Frieden unterwegs

Challenger

Mio. $

Export in alle Richtungen

STINGER

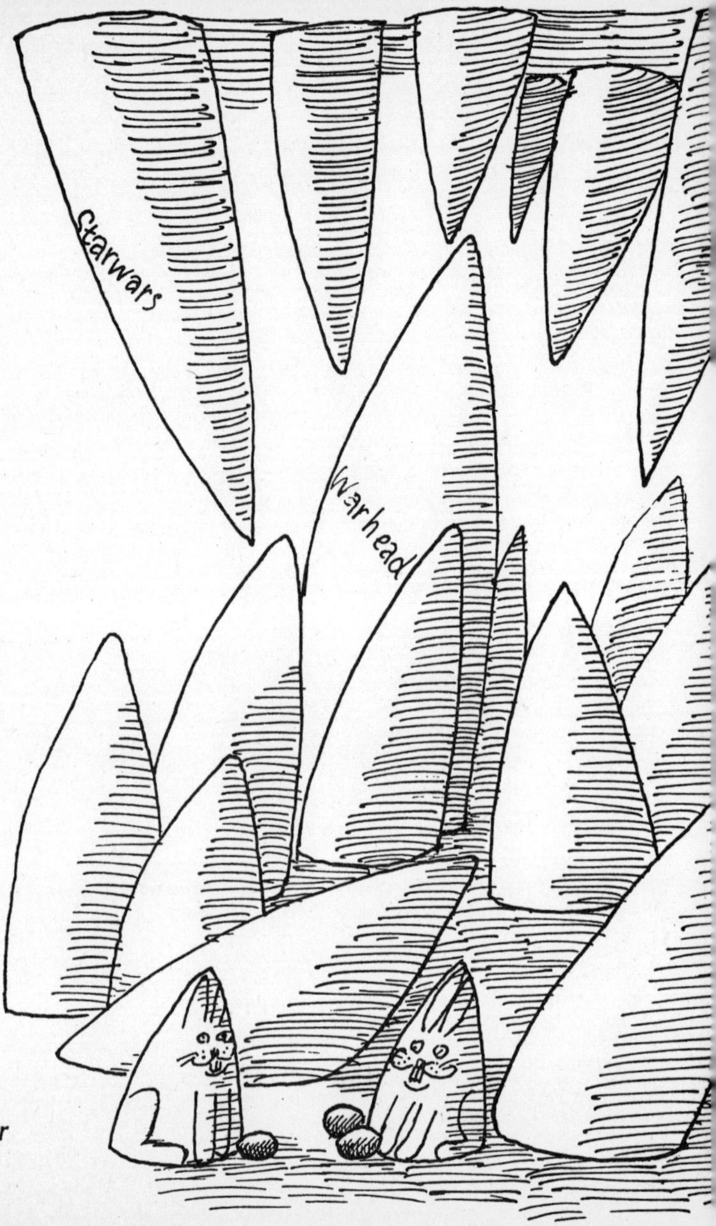

Happy Easter

ENTSPANNUNG

Abrüstung

Erbsenzähler in Genf

Den Deutschen leichten Trab verordnet

WALD-
SPAZIERWEG

SS20
Pershing II

Gringo

THE WHITE HOUSE
SALOON

Gesetz der Wildnis: Wie du mir, so ich dir

Versprechen und Schwüre

Die Leitwährung

Goldrausch

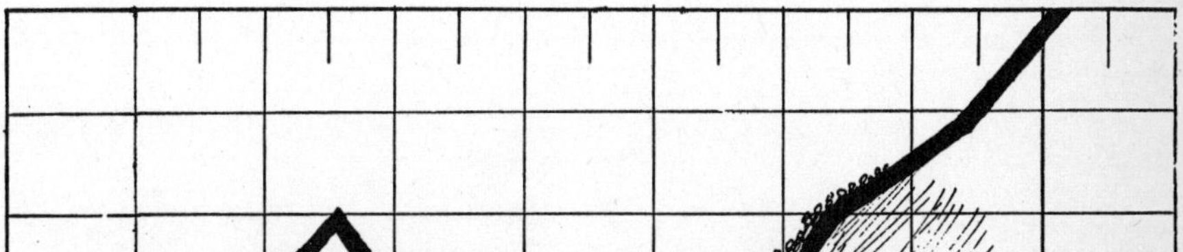

Der Dollar hält sich

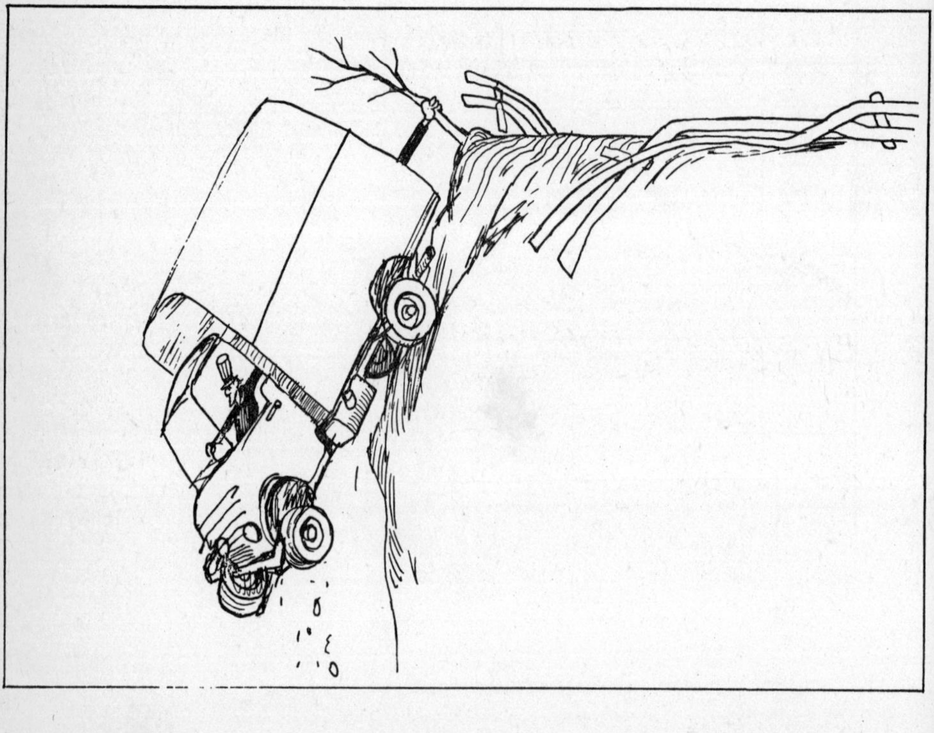

WALL ST.
AKTIE

Stetig bröckelt die Moral

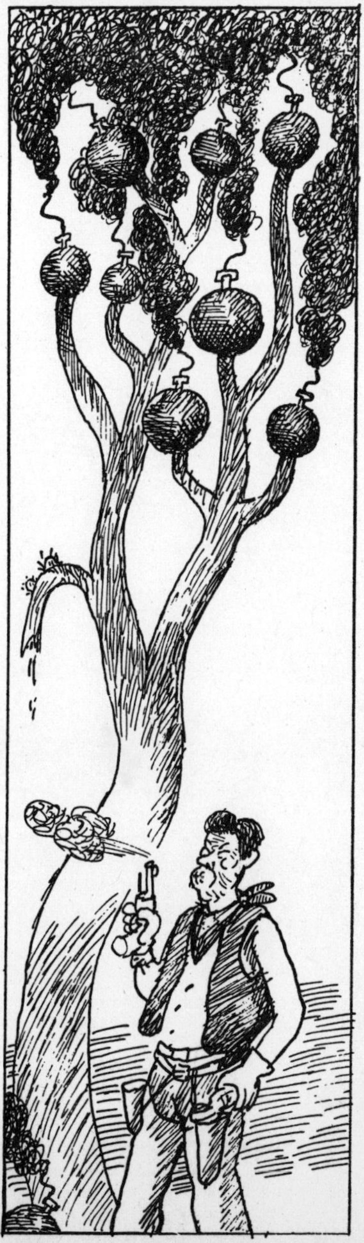

Hydra Terror

Herumirren in Wyoming

MX
MX
MX

Von den Eroberungen der Marines

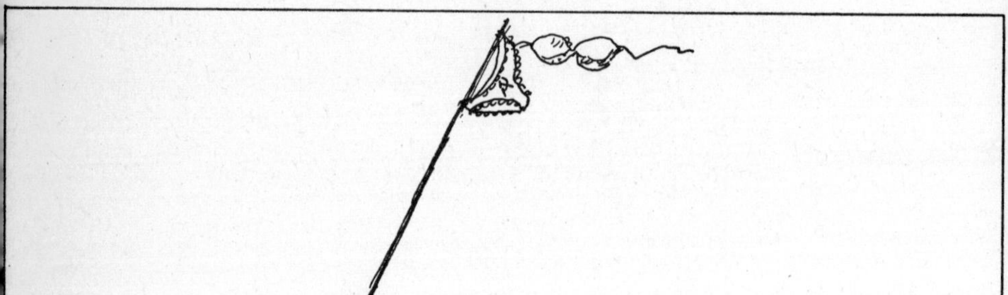

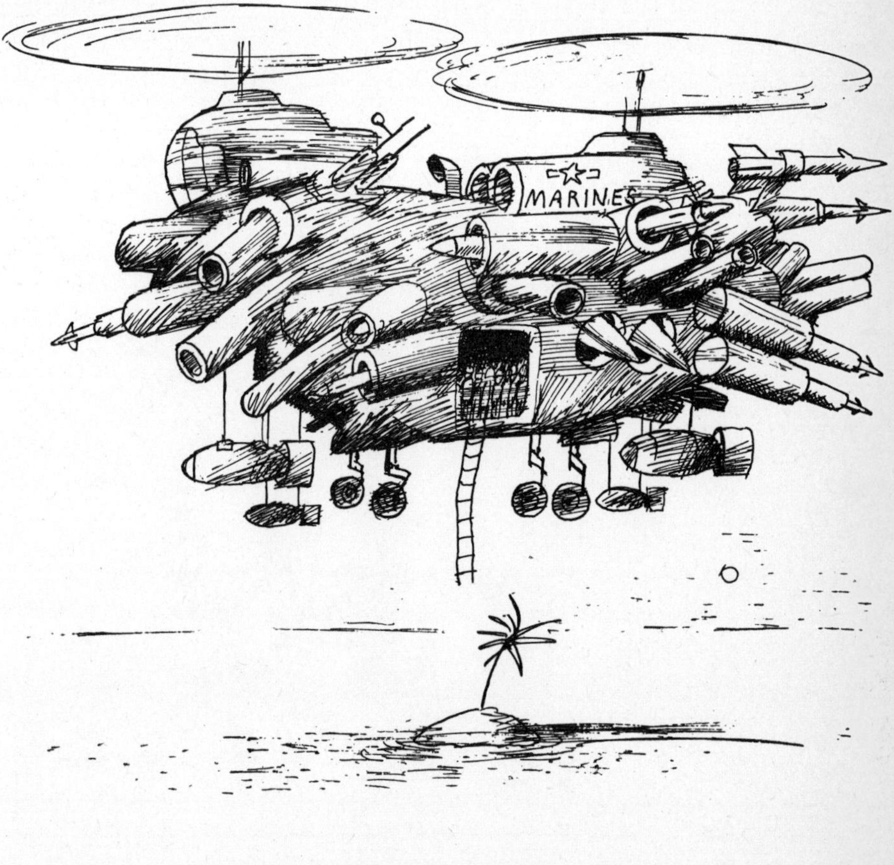

Fliegende Zentrale der Außenpolitik

Die Bananenrepublik stabilisieren

Sieg der Rechten

Massenhaft Wahlurnen

Ein ungebärdiges Volk

Zu neuen Ufern

Finale in Mexiko

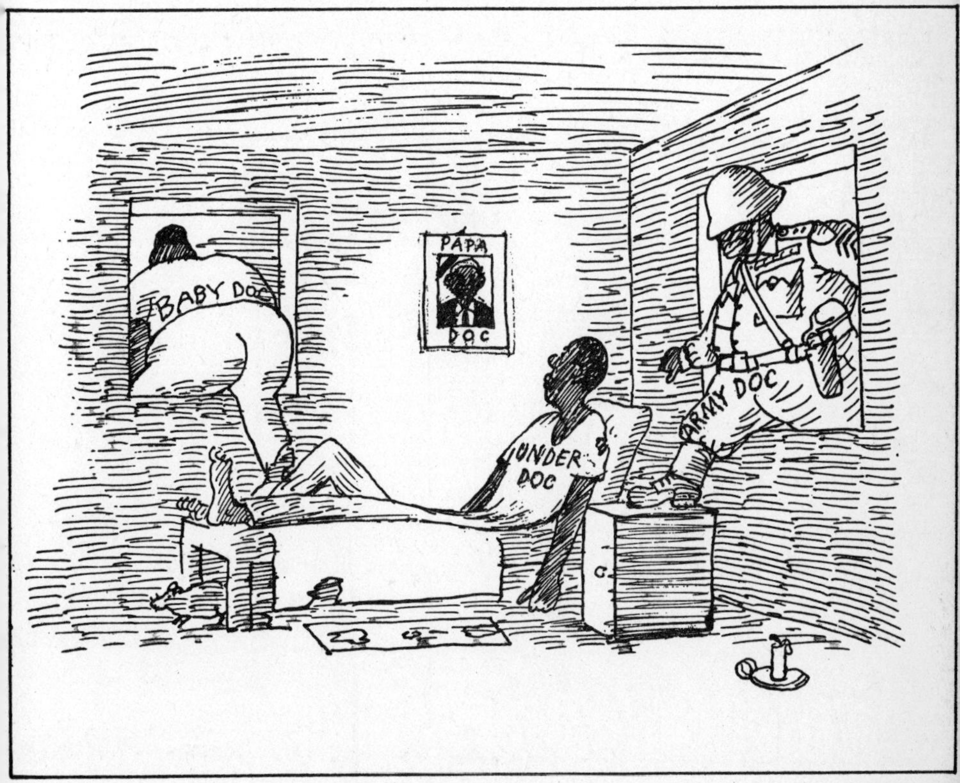

Ein Nachtmar geht . . .

Chile

Die Lage der Opposition

Ibrahims Schoß

Goldas Einkaufsbummel

Auge um Auge, Zahn um Zahn

Phantoms jagen Kommandos

Neues Operationsgebiet

Yassir im Untergrund

David in Beirut

Libanon

UN

Auf der Suche nach Frieden

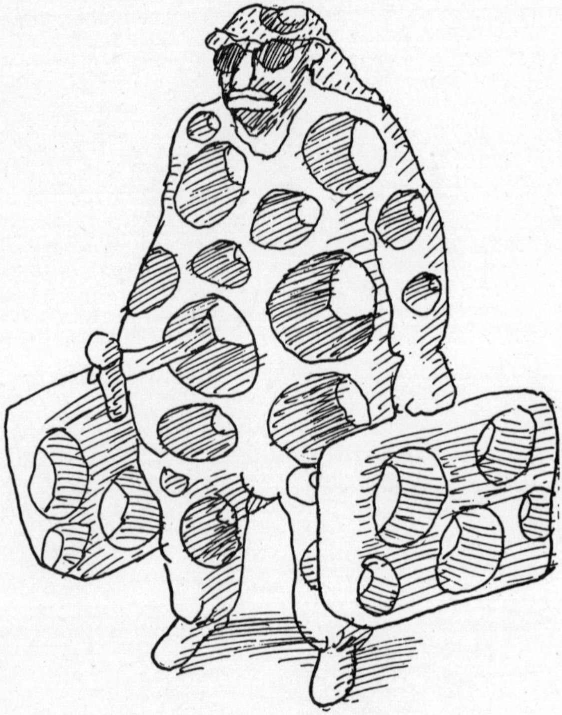

Reiseziel unbekannt

Milizen von Beirut

Große Syrte

Ein seltsames Tandem

Ein Störfall

MURSCHETZ

MENSCHEN
RECHTE

Iranisches Schauspiel

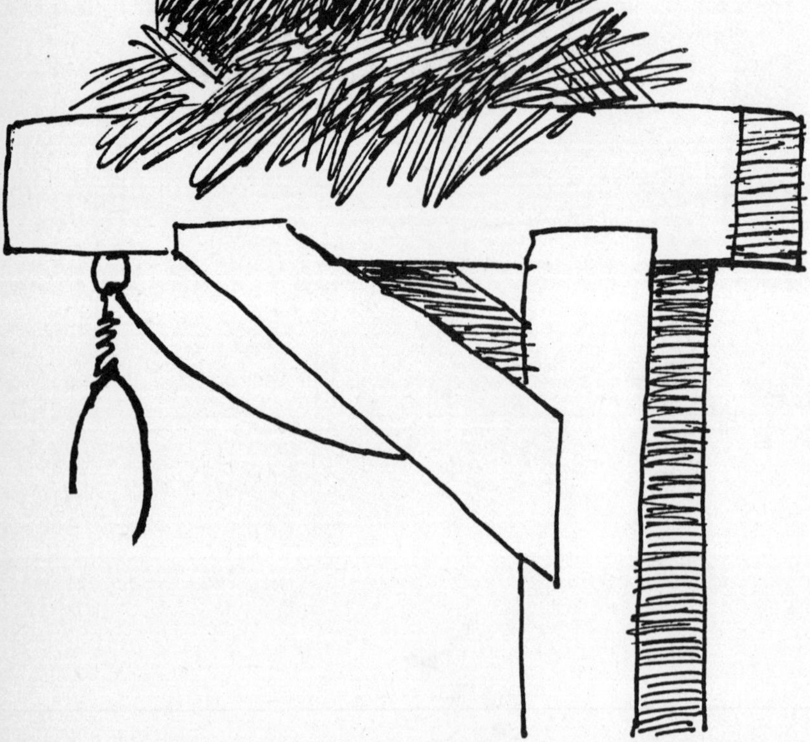

Hoch oben in Ghom

Spiel der Ohnmächtigen

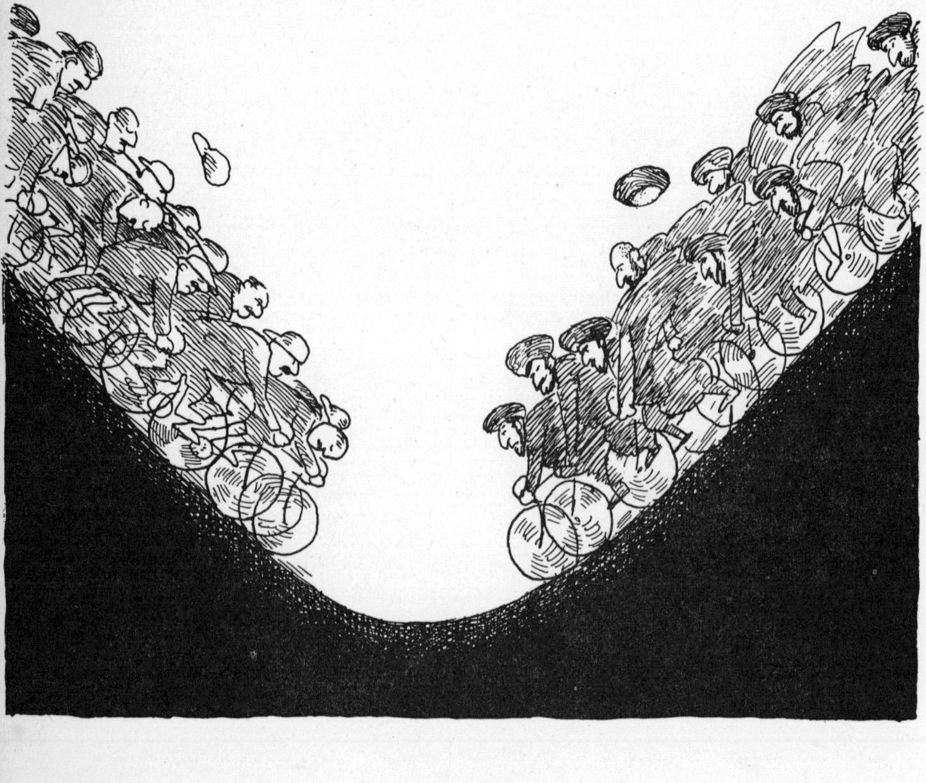

Tour de Trance

Zündeln in Mekka

Ajatollah-watching

Tankerkrieg

Restpostenn

Nur keine Almosen

In den Wind geschossen

Lebenswichtig für Indien

Der Barmherzige gibt reichlich

Nur kein Zinsenboykott

Begrüßungskomitee

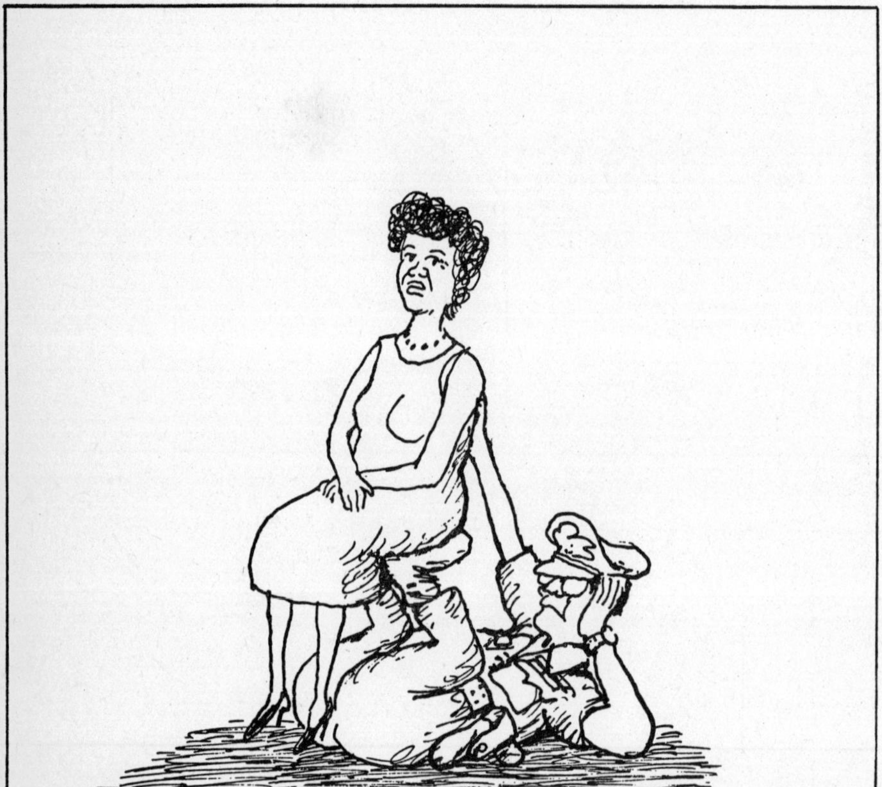

Stütze der Philippina

Schwer zu zerkleinern

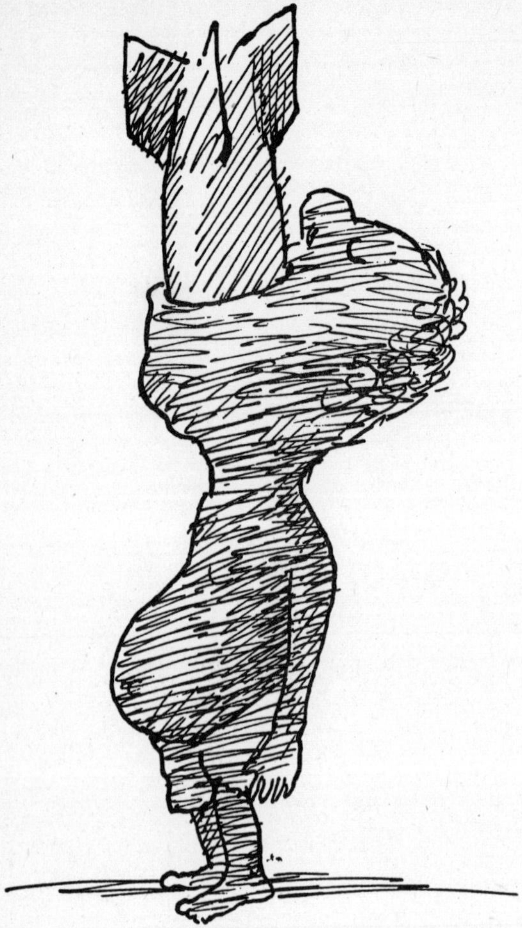

Fidel in Afrika

Die Boa Confliktor

Einheimischer in der Savanne

Gefangen am Kap

Zurück in die Wagenburg

Apartheid und Zensur

Gängelung

Welthungertuch

Nur keine Theologie der Befreiung

Band 2188 · 112 Seiten · ISBN 3-426-02188-9

Knaur

Satire

WOLFGANG FRANKE

LORE LORENTZ

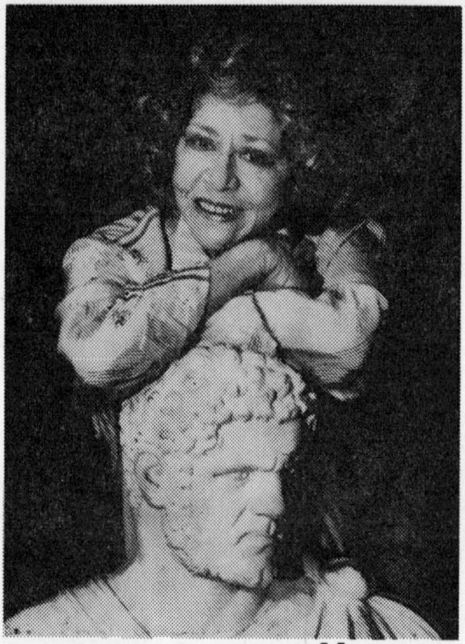

Originalausgabe

EINE SCHÖNE GESCHICHTE

Eine historische Stunde im Kom(m)ödchen

Band 2175 · 120 Seiten · ISBN 3-426-02175-7

Knaur

Satire

WERNER SCHNEYDER

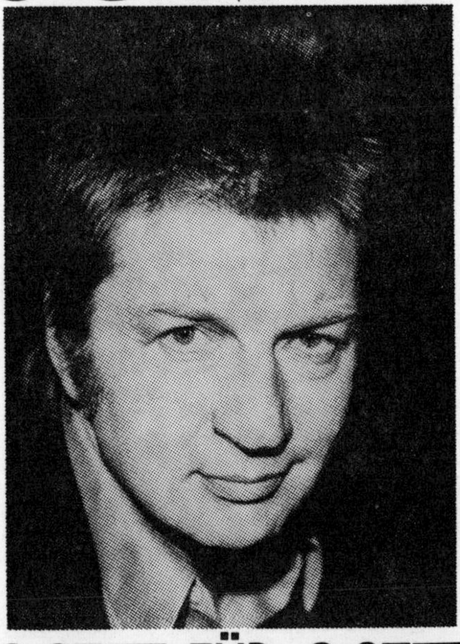

SATZ FÜR SATZ

Ein Kabarett-Solo mit Fußnoten

Originalausgabe

Band 2135 · 128 Seiten · ISBN 3-426-02135-8